GEORGES RODENBACH

LA
MER ÉLÉGANTE

POÉSIES

PRÉFACE DE JEAN AICARD

PARIS

ALPHONSE LEMERRE, ÉDITEUR

27-31, Passage Choiseul, 27-31

M D CCC LXXXI

LA MER ÉLÉGANTE.

GEORGES RODENBACH

LA
MER ÉLÉGANTE

POÉSIES

PRÉFACE DE JEAN AICARD

PARIS
ALPHONSE LEMERRE, ÉDITEUR
27-31, Passage Choiseul, 27-31

M D CCC LXXXI

PRÉFACE.

Mon cher Poète,

Vous avez bien voulu, dans une lettre exquise, me demander « une préface, où je vous présenterais à votre patrie. »

Combien ce mot m'a touché ! Elle est hospitalière, votre patrie flamande. Les poètes la connaissent; ils y trouvent, aussi bien que les savants, des auditoires pleins de cordialité. Mais ces auditoires vous ont applaudi; qu'ai-je besoin de vous présenter? En vérité vous exercez encore l'hospitalité en me faisant votre gracieuse demande, et c'est m'offrir une place à votre foyer que me donner la première page de votre livre. Je vous en remercie.

L'épigraphe de votre œuvre, mon cher poète, m'a rappelé la phrase que voici : « Beaucoup de choses véritables sont souverainement ennuyeuses; aussi est-ce la moitié du talent que de choisir dans le vrai ce qui peut devenir poétique. »

Etant signées de Balzac, ces trois lignes ont leur prix.

Le poète doit dire encore : Beaucoup de choses véritables sont souverainement laides ou répugnantes; il faut choisir dans le vrai, et non pas en copier des fragments au hasard..., choisir les détails parmi tous ceux qu'offre la nature, et procéder comme elle en composant l'ensemble avec harmonie.

Le plaisir qu'on goûte aux choses de l'art vient d'une ordonnance, d'une harmonie dont la nature offre l'exemple souverain dans son ensemble, mais dont elle ne rassemble point un modèle dans chaque fragment d'elle-même qu'il nous plait d'isoler pour le considérer, ou que la faiblesse de nos yeux nous force à isoler pour le voir.

Le cerveau, le génie sont là précisément pour suppléer aux faiblesses de notre vision, et pour donner aux œuvres fragmentaires la souveraine ordonnance des ensembles de la nature. Il faut composer.

Et il faut choisir — *car la raison d'être de l'art*

disparaît, s'il n'est plus que l'ombre — nécessaire-
ment imparfaite et infidèle — de la vie. En ce cas,
la vie suffit! Si l'art au contraire est un autre
monde, moins vaste, plus grand, il garde sa raison
d'exister; il répond, d'une façon positive, à cette soif
de quelque chose de supérieur que le positivisme
lui-même, sans la satisfaire, constate du moins
franchement.

Les dieux s'en sont allés. Qu'étaient-ce que les
dieux? Les figures de ce que l'homme voudrait voir
par-delà le réel. C'est pourquoi la foi, les religions
ont été des sources d'art. Les religions vaincues,
avec quoi l'humanité va-t-elle nourrir, apaiser un
peu le désir infini qu'elle porte en elle? avec le
récit, avec le spectacle de ses propres misères, de
ses propres dégoûts, de ses faiblesses, de ses hontes?
non! les artistes vont l'enchanter, la consoler sans
fin en réalisant pour elle un monde idéal toujours
renouvelé. Par là, et comme en réponse au savant
qui a dit : « l'art deviendra inutile, » ils éternise-
ront leur droit d'exister, à côté des savants dont la
voie est tout autre.

Le savant analyse la nature, la défait, non pour
qu'on en jouisse, mais pour qu'on la connaisse; le
savant est l'adversaire glorieux de la nature; l'artiste est son ami, procède comme elle, crée des
formes, cache à l'intérieur les mécanismes que

la critique se donnera la besogne de découvrir encore ; la science ouvre les cadavres, fouille la chair
dans ses secrets même répugnants ; la science étudie
les êtres vivants, l'art en fait.

Un savant ne crée pas une œuvre ; il découvre un
peu de ce qui est ; il allonge d'un anneau la chaîne
des preuves, cela en vue d'un résultat idéal mais
lointain ; il collabore à une œuvre commune, au
grand œuvre, et pour cela constate, fouille, dis-
sèque, catalogue, enregistre, collectionne les docu-
ments, nomme tout, dit tout, et désenchante, avec
le seul espoir d'arriver à la vérité qui, de son propre aveu, est peut-être triste.

Notez bien que tout en cheminant vers cette vérité qu'il veut dévoiler à nos yeux, le savant jusqu'ici s'est efforcé de soulager la souffrance humaine, d'employer contre la douleur ses décou-
vertes intermédiaires, et même de trouver par
avance la consolation au mot fatal qu'il cherche et
qu'il pressent.

Une philosophie est née pourtant et déjà se pro-
page qui ne veut pas être consolée. On se doute
qu'elle est allemande, le pessimisme ! une trouvaille !
Eh bien, ce que démontre le pessimisme, il y a des
artistes qui s'efforcent de le mettre en œuvre : la vie
mauvaise. — Mauvaise ? pis encore ! une angoisse
dans un cloaque ! — Ces artistes peuvent nier la

théorie qu'on leur suppose, mais non la tendance qu'on leur voit.

Je me rappelle qu'un jour, sur le seuil d'un tonnelier de campagne, je fus frappé par une odeur nauséabonde, violente, une odeur de charogne. Je demandai aux ouvriers pourquoi ils n'enterraient pas la bête qui devait être morte par là. Ils se mirent à rire et me montrèrent à quelques pas une fleur somptueuse, de velours rouge et noir, épanouie sur une tige mouchetée semblable à une vipère onduleuse et debout. Elle était magnifique vraiment, belle jusqu'à l'insolence. On l'eût dite teinte d'un sang puissant versé sur un tissu épais. Elle avait une beauté singulière et comme en deuil. Les abeilles ne la visitaient pas, car c'est elle, la forte vivante, qui exhalait une puanteur de bête morte. Les mouches de pestilence bourdonnaient autour d'elle. Fleur curieuse, superbe et dégoûtante! La science la connaît et la nomme; le passant la regarde et la fuit. Il ne venait à l'esprit de personne d'en faire la gloire d'un bouquet.

L'art du peintre voudra copier les couleurs de cette fleur du mal; un chimiste analyse, explique l'odeur étrange; qui songe à en tirer une essence?..

S'il ne se garde point, l'art ne tardera point à paraître comme la fleur, peut-être superbe et tragique, mais puante — du pessimisme (nom d'une *philosophie de désespoir inventée, ce dit-on, par un homme tranquille et bien portant).*

O notre bon père Molière, dont on veut reléguer les chefs-d'œuvre au garde-meubles, nous t'invoquons! nous invoquons le sens commun, le bon sens populaire, le sens de la vie, contre toute transcendance, pessimiste ou non!

Ecou'ez ce mot délicieux : « Je me rappelle, écrit Ernest Renan, de petites tortues dans le fond du Ouadi-Hamoul, en Syrie. Je savais que le Ouadi allait se dessécher. Je voyais leur mort à deux jours de distance; mais elles n'y pensaient pas; elles étaient aussi gaies, aussi vives que jamais! »

Parbleu, Messieurs les savants, nous sommes tout à fait comparables à ces petites tortues, et nous avons trop souci de la dignité humaine pour refuser de savoir que le Ouadi se dessèche, et nous vous remercions grandement de nous l'avoir appris, mais il n'est pas contraire à notre dignité d'hommes de l'oublier parfois et de vaquer à nos affaires de tortues durant qu'il y a encore de l'eau dans le Ouadi!

Et qui nous donnera l'oubli nécessaire, qui nous versera ce nectar des dieux, aussi désiré du vieux monde que la connaissance le fut des premiers hommes? qui? l'art, s'il ne confond pas ses procédés avec les vôtres; l'art, s'il est lui-même; l'art, — les artistes créateurs de vie passionnée, de vie simple, créateurs de vie ! Ils frapperont les rochers, l'eau jaillira, et les petites tortues croiront une heure encore à l'éternité de l'eau du Ouadi.

Si le pessimisme avait raison, ne serait-il point digne d'un art supérieur de donner à l'homme des visions plus belles que nos destinées ? Si tu maudis les Destins qui gouvernent le monde pour l'injustice et la laideur de la vie sans but, alors ne collabore point avec eux, n'ajoute point à nos tourments en créant à leur exemple; aie une conception d'artiste plus haute que l'œuvre de l'aveugle nécessité; si la femme est laide, invente Aphrodite; si l'homme est vil, imagine des héros, ou bien laisse-moi te mépriser plus que tu ne méprises la nécessité, reine du monde, toi qui étant la conscience humaine imites servilement ce que tu prétends condamner !

Par dessus le réel, déroulons le rêve, libre, vaste et beau comme un ciel bleu apparu entre les toits obscurs d'une impasse.

Le rêve ! qu'est celà ? comment définir ce qui est à naître ! ce qui doit se renouveler sans fin ! N'est-ce pas l'invention dans le rêve qui est le génie poétique ?

— Mais le siècle est positif ! le siècle est scientifique ! — Après ?... Chaque époque a sa marque, sa

manière d'être, de penser, de rêver, même d'aimer !
Et c'est par là que l'art se renouvelle ! Et pour l'art
se renouveler c'est vivre, l'imitation étant sa mort !

L'influence scientifique et positive est un air
ambiant; elle a modifié l'état d'esprit même des
ignorants; il est certain que la poésie elle-même
doit répondre à ce changement profond.

Le scepticisme a épuisé certaines façons ardentes de
regretter et d'espérer sans croire, comme la foi
certaines exaltations dans le vague. Un besoin de
précision est dans tous les cerveaux. Quel mal y
voyez-vous? l'art y perdra-t-il? il ne perdra rien,
à aucun changement dans l'état de la vie, tant qu'il
y aura de la vie! Et pour cela — qui le nie? —
l'art doit trouver sa forme nouvelle, correspon-
dante aux nouvelles idées. Rien de plus vrai; à
toutes les époques il en a été ainsi, sans qu'on s'y
soit efforcé péniblement. Dans tous les siècles il a
suffi à l'artiste d'être de son temps.

Rêvez en hommes qui savent, poètes modernes;
imaginez du vrai; prenez au réel ce qu'il a de beau,
comme le chercheur d'or qui recueille difficilement
dans la fange une poussière merveilleuse! — Pour
que les fictions intéressent, il est de plus en plus nécessaire qu'elles soient faites avec de la vérité et du
naturel. De cette nécessité nouvelle toute une cer-
taine poésie est morte. Elle avait discrédité les

poètes et fourni aux pianos beaucoup de romances... Puisse-t-elle dormir en paix!...

MON CHER POÈTE,

*Vous avez obéi, à la règle idéale indiquée par
Balzac: « Il faut savoir choisir dans la réalité ce
qui peut devenir poétique. » En même temps vous
avez obéi aux tendances du jour, en observant et
décrivant les aspects les plus modernes, sinon les
plus généraux de la vie sociale.*

*Ce n'est pas que votre sujet me plaise particulière-
ment, et je sais bien qu'avec moi vous préférez à la
mer élégante, — la mer, la mer infinie, voyageant
sans cesse au devant d'elle-même, si changeante et
à elle-même toujours semblable, depuis Orphée jusqu'à Victor Hugo. Les grâces « un peu mièvres »
des élégants et des élégantes ne me paraissent pas
les modèles par excellence, mais qu'est-ce qu'un*

livre ? un verset du poème. Celui-ci n'est qu'un fragment de votre œuvre rêvée, et vous n'y avez failli à aucun de ces préceptes poétiques qui, n'étant formulés nulle part, n'en commandent pas moins souverainement aux poètes.

Ce que vous avez voulu, vous l'avez fait, et d'une manière charmante. Le succès vous viendra, vous donnera une conscience nouvelle de vos forces. Usez en pour un projet plus haut. Passez de la vie élégante, avec laquelle vous nous charmez, à une vie plus naturelle, plus abondante, qui nous entraînera.

Ils sont dessinés à ravir vos oisifs, mais que j'aime bien mieux, comme Alceste la chanson populaire, votre simple Baigneuse flamande, en écartant toutefois le mot « sale » que vous accordez peut-être à la mode, mais qui n'est pas même naturel, car elles sont nettes comme des galets, les filles des plages :

> .....n'ayant qu'un grossier costume de flanelle
> Étant sale et vulgaire, ayant bras et pieds nus,
> Elle donne pourtant des frissons inconnus
> A tous ceux qui la voient s'agiter sur la plage.
> C'est qu'elle a la beauté de la forme et de l'âge !

A la bonne heure, la voilà, la poésie, la beauté dans la nature, dans la jeunesse, même sous la vulgarité. Voilà la muse capable d'enfanter et d'allaiter. Je l'avais entrevue sur nos plages du midi; je la reconnais. Vous l'avez rencontrée sur vos rivages du nord. Elle vous a inspiré déjà beaucoup de beaux vers, je ne veux pas dire seulement de vers bien faits; (à l'heure qu'il est, il faut vouloir pour arriver à ne pas les faire trop bien !)

> Le grand apaisement du soir descend dans l'âme
> Et là-bas, où le ciel se mêle avec les eaux,
> Resplendit le soleil comme une île de flamme.

Mais je relève ceux-ci pour leur signification féconde :

> O mon pays de Flandre aux beaux soleils couchants,
> Je t'aime avec l'amour qu'un fils porte à sa mère !

Voilà indiquées en deux citations, mon cher ami, les deux sources de l'inspiration : la grande lumière éternelle, universelle, qui éclaire toutes les patries, d'où viennent toutes les existences, toutes les idées, tous les sentiments; et le pays qu'on aime, où l'on vit, que l'on connaît mieux que personne, qui a ses lumières, ses ombres, ses caractères propres, ses secrets livrés seulement à qui l'aime tout enfant.

Vous songez à offrir à la Belgique un livre qui lui raconte sa poésie locale. Faites cela, nous vous en prions. Osez beaucoup en étant simple. Soyez sincère et laissez dire. Soyez original par votre pays; il vous en sera reconnaissant, il vous aimera plus encore; vous l'aurez vraiment servi. Tirez du génie propre de votre patrie flamande vos propres pensées ; demandez lui des tours de langage, des expressions, des images. Avec le talent que vous avez prouvé dès la première heure, dès ce premier volume qui s'ouvrait par la charmante pièce du Coffret, vous réussirez.

Adieu, mon cher poète. Vous êtes de ceux qui peuvent laisser une page durable. Peut-être l'avez-vous écrite à l'heure où je parle, mais vous la trouverez sans doute, et bien à vous, en suivant l'inspiration flamande que vous annoncez. Faire de bons vers ne suffit plus en un temps où les procédés sont si répandus ; il faut en plus que le sujet même et l'âme même du poète les fassent distinguer dans le grand nombre des bons vers nouveaux.

On ne saurait faire un plus beau souhait à un poète : laissez une page dans les anthologies. Les pessimistes diront que cela n'est rien, mais riez de ces pères de famille heureux et souriants qui, du haut de leur chaire, déclarent douloureuse la volupté de l'amour. Les philosophes en général diront qu'une immortalité de deux cents ans ou de trois mille n'est rien dans l'éternité, mais cela est quelque chose, comparé à la durée moyenne de la créature humaine qui vit une soixantaine d'années. Méfions-nous des transcendances, des raisonnements admirables qui s'appliquent à l'homme dans le temps et l'espace, à des hauteurs où il ne respire plus. Vivons, essayons-le du moins, dans notre sphère normale. Chantez, travaillez, pour la gloire de votre pays et pour la vôtre. C'est une des belles chimères que la gloire.

Dites, n'avons-nous pas été enchantés de trouver en venant au monde, dans ce monde où existent, il est vrai, tant de vilaines choses, les beaux livres des anciens et des modernes? N'est-ce point une joie réelle, positive de notre vie, d'avoir trouvé les grands poètes sur les rayons des bibliothèques? Le monde, la réalité, c'est eux aussi! la réalité! mais la Vénus de Milo en est! le rêve fait parole dans une scène de Roméo et Juliette en est aussi! L'Évangile en est encore! la réalité, les grandes œuvres idéalistes en font partie, l'accroissent et l'embellissent! — Quelle envie cela n'inspire-t-il pas!..... Oh! laisser parmi ces livres une page où des hommes futurs puiseront une heure de joie après les heures du travail et de la peine! Souhaitons-nous cela l'un à l'autre. Travaillons-y. « C'est le fond qui manque le moins, » pour finir par un vers de Jean La Fontaine, le maître en naturel.

JEAN AICARD.

Jacques-Laurier, Juin 1881.

LA MER ÉLÉGANTE

> L'oisif mène la vie élégante ; l'artiste
> la crée parce qu'il la sent.
>
> BALZAC.

Prologue

Dès le mois de Juillet quand la chaleur augmente
Comme on s'ennuie en ville on s'en va vers la mer
Qui sous le ciel plus bleu s'allonge plus dormante
Lorsque le vent la berce avec son souffle amer.

Là-haut le grand soleil, comme un front de satyre,
Sourit en envoyant vers elle un baiser d'or ;
Elle, dans le lit mou de son sable, s'étire ;
Lui s'y couche le soir à l'heure où tout s'endort.

Pendant les tristes mois d'hiver on l'a laissée
Seule et désespérée en son isolement;
A peine si parfois quelque humble fiancée
Venait lui réclamer le corps de son amant.

Mais aujourd'hui les gens de mer vont à la pêche
Joyeux, chantant, sans craindre encor les ouragans,
Et partout sur la plage on court, on se dépêche,
Puisque voici venir les couples élégants.

Où marchaient seulement des pêcheurs de crevettes,
Où les mousses du port s'asseyaient vers le soir,
Les dames vont passer dans de fraîches toilettes
Et les enfants coquets des riches vont s'asseoir.

Où l'air salé des flots enivrait au passage
Les marins aux profils énergiques et bruns,
Les odeurs de mouchoir et les fleurs de corsage
Vont faire en s'unissant la gamme des parfums.

Comme des nids d'amour, les villas sont rouvertes :
Un piano dans l'ombre y chante, captivant;
Des plantes dans un coin mêlent leurs feuilles vertes
Sous les rideaux gonflés comme une voile au vent.

C'est un nouveau décor ! c'est la mer élégante !
Mais si le thème est neuf, l'air est vieux et connu ;
Comme en ville on se gêne, on se farde, on se gante,
Et pas plus que la main le cœur n'y est à nu.

Car dans cette atmosphère intense, large et saine,
La femme reste encor coquette et l'homme fier :
Ce sont mêmes acteurs, mais sur une autre scène,
Et c'est la comédie aujourd'hui comme hier.

Tout cela c'est petit, tout cela c'est frivole
Près de la grande mer qui pleure incessamment
Et dont les durs sanglots comme ceux d'une folle
Montent vers le soleil, son glorieux amant !...

Mais voici qu'un beau jour toutes ces jeunes filles
Jasant sous l'éventail, sans souci, sans désir,
Sentiront que leur cœur caché sous leurs mantilles
A besoin de tendresse autant que de plaisir ;

Qu'en dépit du satin, de l'or, de la dentelle
Et de ces vains hochets que le luxe assembla,
La Nature a vaincu, la Nature immortelle,
Et que la fleur d'amour vaut mieux que tout cela.

Alors germant soudain dans leur cœur qui s'embrase
Ces fleurs les rempliront d'idéal et d'espoir,
Comme un petit bouquet de roses dans un vase
Suffit à parfumer tous les coins d'un boudoir!

La Mer du Nord

Ce n'est pas la mer bleue où se mire et se mêle
Le beau ciel du Midi toujours d'azur comme elle
Que je veux chanter dans mes vers ;
La mer où les bateaux voguent comme des cygnes,
Où les bords sont ourlés d'oliviers et de vignes
Et de larges pins toujours verts !

Ce n'est pas l'Océan aux falaises massives
Où le troupeau hurlant des vagues convulsives
Est battu sans cesse et broyé,

L'Océan qu'on prendrait pour un grand cimetière
Car de loin chaque flot semble un tombeau de pierre
        Qui recouvre un marin noyé!

Non! c'est la mer du Nord, la mer brumeuse et glauque
Qui berce avec sa voix exaspérée et rauque
        Ses bruns enfants, les matelots;
La mer du Nord qui vient en chantant vers la Flandre
Pour la baiser, comme un amant fougueux et tendre,
        Avec les lèvres de ses flots.

C'est elle que je veux chanter : ses dunes blondes,
Ses mouettes formant sur les vagues profondes
        Un archipel de blancs îlots;
Et ses barques de pêche inclinant leurs voilures,
Et ses baigneurs joyeux mêlant leurs chevelures
        Aux longues crinières des flots!

C'est elle! c'est la mer du Nord! la sœur jumelle
De la terre de Flandre, indomptable comme elle;
        Sur leur double horizon mouvant
— Dès que la nuit s'enfuit dans son manteau d'étoiles —
La barque et le moulin livrent tous deux leurs voiles
        Au souffle impétueux du vent.

C'est sa côte étalant dans les brumes dormantes
Tant de hameaux coquets et de villes charmantes,
Fraîches oasis de la mer,
Ostende, Blankenberghe, Heyst, Nieuport et La Panne
Où tous mes souvenirs s'en vont en caravane
Pendant les tristes mois d'hiver !

C'est devant cette mer où se mire un ciel terne
Que je peindrai la vie élégante et moderne
S'étalant au seuil des villas
Où les femmes debout sous les dômes de verre
Montrent leurs blancs profils, comme au fond d'une serre
De très pâles camelias.

Tout ce monde pimpant, poudré, rieur, prodigue,
Le matin sur la plage et le soir sur la digue
Viendra s'ébattre au bord de l'eau ;
Il papillonnera, ce monde tout en joie
Drapé dans le satin, la dentelle et la soie
Comme des bergers de Watteau.

Les Femmes mièvres

Toutes ces femmes sont adorablement mièvres
Découpant sur les flots leurs profils amaigris
Où rayonne en tons vifs la rougeur de leurs lèvres
Sur la mate blancheur de la poudre de riz.

On croirait sur du sucre en poudre voir des fraises,
Si bien qu'on les voudrait goûter à belles dents
N'étaient ces yeux bistrés plus luisants que des braises
Qui vous effraient de loin avec leurs feux ardents.

Elles lèvent un peu leurs voilettes de tulle
Pour mieux voir écumer les flots sur le brisant ;
Au bord de leurs chapeaux leur chevelure ondule
Sous le vent de la mer qui chante en les frisant.

Dans leur corsage étroit leurs seins, comme deux vagues,
Montant et s'abaissant, font frémir le tissu ;
Et dans leurs doigts gantés qu'enrichissent des bagues
Se fane le bouquet que chacune a reçu.

Leurs robes aux tons clairs, blanc, bleu, gris, jaune et rose
Où sont cousus des nœuds de soie et des rubans,
Se mêlent, comme on voit dans le grand ciel morose
Des nuages teintés se fondre aux soirs tombants.

Dans un coin de la plage elles sont là, groupées :
Le parasol leur fait comme un fond de portrait
Où s'accuse en relief leur tête de poupées
Qu'un artiste mignard et raffiné peindrait.

Elles sont là lisant, riant, jasant sans suite ;
L'eau monte et vient mouiller leurs souliers mordorés,
Car l'eau veut les baiser ces petits pieds en fuite
Qu'elle aime à voir courir sur leurs talons cirés.

Moi je les aime aussi ces belles étrangères
Qui babillent avec des gestes séduisants,
Les plus jeunes surtout, rieuses et légères,
Qui sortent du couvent dans l'éclat des seize ans.

Et puisque toutes ont des grâces sans pareilles,
Un corps digne du marbre, un teint digne des fleurs,
Je voudrais en passant suspendre à leurs oreilles
Comme des pendants d'or, des mots ensorceleurs!

Je voudrais que mon cœur vibrant de poésie
Fût grand comme un sérail pour toutes les aimer,
Et qu'il pût à son gré comme un prince d'Asie
Dans un harem d'amour toutes les enfermer;

Car alors chaque soir, quand se lève la lune,
A leurs pieds parfumés j'irais me laisser choir,
Puis ayant fait mon choix, je jetterais à l'une
Avant que de partir, mon cœur et mon mouchoir!..

Triolets

Mon cœur s'amuse à voltiger
Près des femmes blondes et roses ;
Dans son caprice passager
Mon cœur s'amuse à voltiger,
Ainsi qu'un papillon léger
Qu'ensorcelle l'odeur des roses ;
Mon cœur s'amuse à voltiger
Près des femmes blondes et roses.

Mais si je change ainsi d'amours
C'est bien la faute des coquettes ;
Je veux me fixer tous les jours
Mais si je change ainsi d'amours
Ballotté partout et toujours
Comme un volant sous des raquettes,
Mais si je change ainsi d'amours
C'est bien la faute des coquettes.

Si mon cœur vit en vagabond
Courant et gémissant sans trève
Comme un aveugle sur un pont,
Si mon cœur vit en vagabond
C'est que pas une ne répond
A la vierge en fleur de mon rêve,
Si mon cœur vit en vagabond
Courant et gémissant sans trève.

O jeunes filles de vingt ans
Mon âme en feu vers vous s'envole ;
Vous êtes des fleurs de printemps
O jeunes filles de vingt ans !

Mais vous avez de temps en temps
L'esprit moqueur, l'esprit frivole;
O jeunes filles de vingt ans
Mon âme en feu vers vous s'envole.

Où donc est-elle parmi vous
La femme étrange et raffinée
Qui comprendra mes désirs fous?
Où donc est-elle parmi vous;
Que je l'adore à deux genoux
Ma Madone prédestinée?
Où donc est-elle parmi vous
La femme étrange et raffinée?

Où donc es-tu, mon ideal?
Où donc es-tu, femme rêvée
Dans les splendeurs de Floréal?
Où donc es-tu, mon idéal?
Dans un salon ou dans un bal
Je ne t'ai pas encor trouvée...
Où donc es-tu, mon idéal?
Où donc es-tu, femme rêvée?

Rencontre

Charmante enfant aux cheveux bruns
Dans votre mouchoir en dentelle
Vous avez mis d'exquis parfums.
— « En voulez-vous un peu ? » dit-elle.

Vous aimez sans doute les fleurs
Car sur votre guimpe en dentelle
J'en vois de toutes les couleurs.
— « Prenez cette rose, » dit-elle.

Aimez-vous aussi le sonnet
Travaillé comme la dentelle
Qu'on cache au fond de son carnet?
— « Faites-en un pour moi, » dit-elle.

Portrait

Elle n'a pas vingt ans ; elle est brune et jolie ;
Ses cheveux sont coupés sur le front, onduleux ;
Ses dents ont la blancheur du lait ; ses yeux sont bleus
Mais d'une teinte bleue un peu vague et pâlie.

Elle sourit toujours ; pas de mélancolie,
Pas de rêves divins et de buts fabuleux ;
Mais l'accord de sa voix chantante est si moëlleux
Que l'ayant entendu plus aucun ne l'oublie.

Elle est insouciante encor comme un enfant
Mais je l'aime ainsi faite, et tout mon cœur se fend
En songeant que peut-être elle ne m'aime guères.

Oh ! si la chère enfant pouvait voir mon émoi
Et combien en amour les hommes sont vulgaires
Elle m'aimerait mieux et n'aimerait que moi.

Un Matin sur la Plage

Il est huit heures. Le village
Sommeille encor, le paresseux !
J'étais le premier de tous ceux
Qui sont maintenant sur la plage.

Ici bien vite on s'amollit,
Et comme on a dansé la veille
Bien qu'il soit tard lorsqu'on s'éveille,
On reste à rêver dons son lit.

Moi je rêve sur la jetée
A voir dans l'horizon lointain
Des voiles au vent du matin
Frémir sur la mer argentée.

La lune comme un arc bandé
Se recourbe dans les nuées,
Et les vagues exténuées
Meurent sur le sable ridé.

Les villas ouvrent leurs persiennes
Et montrent leurs salons coquets
Où chantent parmi des bouquets
D'invisibles musiciennes.

Voici que tout s'anime et rit,
Et les oisifs ont sur le sable
Une joie indéfinissable
A laisser dormir leur esprit,

Et dans une place choisie,
— Comme au soleil font les lézards —
A s'abandonner aux hasards
Du rêve et de la fantaisie!...

Tout près des flots sont les enfants;
En vain leur mère les rappelle,
Ils font des forts à coups de pelle
Et poussent des cris triomphants,

Quand la mer docile et fidèle
Remplit d'eau leurs canaux étroits,
Et qu'ils plantent, comme des rois,
Des drapeaux sur leur citadelle,

Jusqu'à ce que le flot grincheux
Les repousse au pied de la digue
Comme un aïeul qui se fatigue
De leurs clameurs et de leurs jeux.

D'autres plus bruns que des Arabes,
Pieds nus, de l'eau jusqu'aux mollets,
Prennent dans leurs petits filets
Des crevettes et quelques crabes;

D'autres ramassent, vagabonds,
Des coquillages à charnières
Qu'on prendrait pour des bonbonnières
Fleurant l'aigreur d'anciens bonbons.

Et tandis qu'à la mer montante
Fuit l'avant-garde des blondins
L'armée heureuse des mondains
Bivaque au seuil de chaque tente.

Voilà les journaux du matin !
On lit, on crochette, on tricote ;
Un gommeux suit une cocotte
Qui lui sourit d'un air mutin.

Des fleurs ! des fleurs ! qui veut des roses ?
Et l'amoureux timide et cher
Offre un bouquet payé très cher
Qu'on prend avec de fins doigts roses.

Là-bas les joueurs de croquet
Poussent de grands cris de victoire :
Hourra ! Hourra ! Hourra ! la noire
Revient la première au piquet.

Et tant que la marée est basse
Sous les arceaux, par petits bonds,
Comme des barques sous des ponts,
Chaque boule à son tour repasse.

Mais c'est l'heure du bain. Holà!...
Toutes les cabines sont pleines ;
Et ce n'est qu'après bien des peines
Qu'on peut s'habiller en gala.

Oh! le costume drôlatique!
Dieu qu'on est laid! Dieu qu'on est sot!
N'importe! on court, on fait le saut
Comme un clown au corps élastique.

La mer est calme! c'est un lac!
On plonge, on nage, on fait la planche,
Et l'on a sur la vague blanche
Comme un bercement de hamac ;

Et quand le vent gonfle les lames
La mer dans ses emportements
Semble rouler des diamants
Et les attache au cou des femmes.

C'est si charmant qu'au bord de l'eau
Un jeune peintre aquarelliste
Epris d'art franc et réaliste
Contemple en rêvant ce tableau,

Puis s'abritant sous une ombrelle,
Dans son album plein de croquis
Il peint avec un art exquis
Ce coin de plage — à l'aquarelle.

La villa Pompadour

Dans la villa meublée en style Pompadour,
Dans la villa meublée avec un goût extrême,
Des poufs de satin rose alternent tour à tour
Avec d'autres plus grands couverts de satin crème.

Le salon réflété dans un double miroir
S'y mire avec son lustre éclatant de dorure
Comme une femme belle, en toilette du soir,
Debout devant sa glace, admire sa parure.

Sur le piano neuf aux rythmes assoupis
S'étale, large ouvert, un cahier de solfège ;
Et des coussins brodés encombrent le tapis
Plus souple et plus moëlleux aux pieds que de la neige.

Sur la console en marbre adossée au trumeau
S'aiment depuis longtemps deux amoureux en Sèvres :
C'est un berger Watteau jouant du chalumeau
Et sa belle aux baisers offrant toujours ses lèvres.

Dans cette villa riche habite un vieux marquis,
Un vieux célibataire adoré des familles,
Car il a le défaut que chacun trouve exquis
De vouloir marier toutes les jeunes filles.

C'est pourquoi vous voyez chez lui ce monde-là :
Il invite et reçoit des saisons tout entières,
Et rien qu'à s'arrêter un jour dans sa villa
Les fils de ses amis trouvent des héritières.

C'est pourquoi vous voyez ce soir même, assemblés
Dans sa vérandah tiède où fleurissent des roses,
Tant de couples charmants, ingénus et troublés
Qui regardent le ciel plein de nuages roses.

Pour qu'ils s'aiment à l'aise et bâtissent leurs nids
C'est lui qui sur leur route écarte les broussailles,
Si bien qu'avant l'hiver ils seront tous unis
Puisqu'il leur glisse au doigt l'anneau des fiançailles.

Mais par une bizarre anomalie, il dit
Que le charme d'amour sur lui jamais n'opère ;
Si les autres ont faim, lui n'a pas d'appétit,
Et mourra vieux garçon — aimé comme un grand-père !

Les Parfums

J'aime pour m'alanguir les sens et pour rêver
    A des amours douces ou fortes,
Respirer des parfums où je crois retrouver
    L'âme immortelle des fleurs mortes.

Plus que des fleurs encor vivantes, embaumant
    De fins corsages ou des serres,
J'adore les parfums égouttés lentement
    Comme on égrène des rosaires.

Avant l'amour il faut verser sur les mouchoirs
  Des odeurs d'ambre et de verveine,
Comme on met de l'encens au fond des encensoirs
  Pour commencer une neuvaine.

Il faut pour pimenter le festin des baisers
  Et pour provoquer aux caresses
Quelques vagues parfums dans les cheveux frisés
  Dont on va dénouer les tresses.

Et même quand on pleure après l'amour défunt
  Le soir dans sa chambre morose,
Pour adoucir le mal il suffit d'un parfum
  Qui sente le musc ou la rose.

Aussi quand je suis seul et le cœur sans rayons,
  Humant des essences choisies,
Je sens frémir soudain, comme des papillons,
  Mes rêves et mes fantaisies.

L'arôme capiteux dégagé des flacons
  Me donne une extase physique,
Et plonge mon esprit dans des rêves féconds
  Plus que le vin et la musique.

C'est ainsi que parfois j'évoque — en respirant
    L'exquise odeur de violette —
D'humbles filles du peuple au charme pénétrant
    Malgré leur très simple toilette.

Ainsi le doux arôme extrait du foin coupé,
    Quand il m'effleure le visage,
Rappelle à mon esprit triste et préoccupé
    Un vague et riant paysage,

Où les meules de foin forment des campements
    Toutes rondes comme des tentes —
Et dans la paix du soir enivrent les amants
    Avec leurs senteurs excitantes.

Oh ! j'aime les parfums ! aussi quand je serai
    Près d'agoniser sur ma couche
Qu'on m'offre des flacons d'odeur et qu'à mon gré
    L'un après l'autre on les débouche.

Car je pourrai — grisant mon esprit expirant
    Par ces senteurs douces ou fortes —
Rêver d'éternité future en respirant
    L'âme immortelle des fleurs mortes !..

Au Bain

La baigneuse est au seuil de sa cabine ouverte
A regarder au loin la mer tranquille et verte.

Son costume de bain très court et très collant
Bordé d'un galon rouge et d'un simple volant
Marque bien les contours de son corps de statue;
Et la voyant ainsi coquettement vêtue
On dirait un croquis dessiné par Grévin.

Se sachant regardée elle attend ; puis enfin
Descend à pas frileux et lents comme une chatte
Qui marche dans la neige en secouant la patte.

Alors elle s'encourt brusquement vers la mer.

Oh ! comme elle est superbe ainsi ! Sa blanche chair
Semble pétrie avec des bouquets d'aubépines ;
Et tandis qu'elle fuit au milieu des cabines,
Ses seins fermes, bombant son corsage fermé,
Tremblent comme des fruits sur un arbre embaumé.

Puis la voilà dans l'eau... voyez comme elle saute,
Comme elle avance bien malgré la marée haute
Et comme elle a des cris pleins de rire, en nageant,
Quand l'écume, pareille à des sequins d'argent,
Se suspend en collier à son beau cou de cygne.

Mais elle va trop loin ! les baigneurs lui font signe,
On sonne de la trompe, on l'appelle à grands cris,
Car près de ces brisants combien de corps meurtris
Ont roulé tout à coup dans ce grand gouffre avide
Ainsi que des cailloux tournoyant dans le vide !

Grâce à Dieu, la nageuse a compris les signaux
Et ses deux bras, pareils aux rames des canots,
Fendent l'eau qui bouillonne et qui chante autour d'elle.

Et bientôt, mettant fin à l'angoisse mortelle
De ceux qui la voyaient se battre avec les flots,
Elle atteint le rivage où, comme des îlots,
Emergent des baigneurs groupés dans l'eau qui mousse !

Et là, déjà calmée, avec sa tête douce
Et ses longs cheveux blonds flottant comme un drapeau,
On la prendrait de loin sous son large chapeau
Pour une humble bergère aux yeux rêveurs et vagues
Qui garde en souriant le troupeau blanc des vagues.

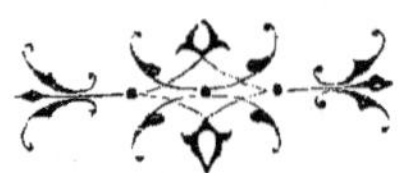

Au Piano

Hier un parallèle en moi s'insinuait
Tandis qu'au piano — sous l'éclat des bougies
Lustrant ses cheveux bruns et ses tempes rougies —
Elle jouait un Lied après un Menuet.

Ce clavier, me disais-je, est inerte et muet,
Mais les accords joyeux, les molles élégies
Murmurent au contact de ses mains élargies
Comme si tout un chœur d'oiseaux y remuait.

Or ce clavier sonore est pareil à notre âme :
Comme lui blanche et noire, elle a toute la gamme
Des chantantes vertus et des vices grondants ;

Il lui suffit aussi pour qu'elle vibre et pleure
Et donne tout l'amour qu'elle cache au dedans,
Il suffit que la main d'une femme l'effleure !

Aveu

Enfin elle a reçu l'aveu de ma tendresse !
Je ne le voulais pas, mais le charme vous presse
Et le secret d'amour qu'il faut tenir caché
Se débat dans le cœur comme un homme couché
Vivant — dans un cercueil enfoui sous la terre.
J'aurais voulu plutôt me contraindre et me taire
Pour qu'elle pût en paix poursuivre son chemin ;
Mais sans savoir comment, pourquoi, j'ai pris sa main...
Elle l'a laissé prendre avec un doux sourire,
Et, ses yeux attachés sur mes yeux, sans rien dire,
Nous marchions lentement sous le ciel étoilé. .

Tout mon cœur frémissait comme un tambour voilé
Dont on arrache enfin le crêpe aux plis funèbres ;
Je l'entendais chanter au milieu des ténèbres ;
Je ne voyais plus rien, je ne savais plus rien
Que ce mot éternel, doux, frêle, aérien :
Je t'aime ! qui volait de ma bouche à la sienne.

Que m'importaient mon spleen et ma tristesse ancienne,
Et ma foi déclinant comme un soleil pâli,
Et mes amours fanés balayés par l'oubli,
Puisque je rencontrais ma chimère et mon rêve,
La vierge au cœur profond que j'évoquais sans trêve
Et que je pressentais déjà dès mes vingt ans
Comme un oiseau pressent les douceurs du printemps !

O Faust ! ô Roméo ! vous les amants nocturnes
Qui dans l'ombre leviez vos beaux fronts taciturnes
Illuminés bientôt d'un bonheur surhumain
Lorsque dans vos cheveux s'insinuait la main
De vos vierges d'amour qui tressaillaient de joie ;
O Faust ! ô Roméo ! dans le ciel qui flamboye
Tous les astres jaloux semblaient fermer leurs yeux
Comme pour ne pas voir vos deux couples joyeux

Que la nuit indulgente avait pris sous son aile
Se murmurer tout bas la chanson éternelle
Faite d'ardents baisers, de pleurs et de serments
Qui vibrera toujours aux lèvres des amants ;

O Faust ! ô Roméo ! qu'un autre vous envie
Car moi j'ai pu goûter une fois dans ma vie
Ces moments de tendresse et de transports fiévreux
Où l'on voudrait mourir — se sentant trop heureux !..
Car un soir comme vous, devant la mer sans voiles,
A l'heure où dans le ciel s'allument les étoiles,
J'ai trouvé l'idéale enfant que je rêvais ;
Et soudain oubliant tout mon passé mauvais
J'ai souri, j'ai chanté, j'ai sanglotté, que sais-je !
En sentant que mon cœur fondait comme une neige
Sous son regard d'amour plus brûlant qu'un baiser ;
Et sans prévoir qu'un jour il pourrait se briser,
J'ai caressé ce rêve où je l'aurais pour femme
Le front couvert d'un voile aussi blanc que son âme !...

L'Oubli

Hélas! est-il donc vrai que les tendresses vagues
Qu'attisent les concerts et les bals élégants
Nous passent sur le cœur comme ces ouragans
Que, dès la nuit suivante, ont oubliés les vagues?

Et qu'on peut s'arracher du cœur comme des dagues
Ces amours que bientôt on trouve extravagants;
Et que, changeant d'amours comme on change de gants,
On va porter ailleurs des bouquets et des bagues?..

Est-il vrai qu'en dépit des serments les plus beaux
L'oubli vienne aux amours comme l'herbe aux tombeaux,
Et qu'au bord de la mer les cœurs soient si volages?

C'est en vain qu'on s'épuise en regrets superflus!
Ces amours sont pour nous comme ces coquillages
Ternis quand l'air marin ne les avive plus!..

Révolte contre l'Oubli

Oublier! oublier! est-ce une loi fatale
Que tous les sentiments subissent à leur tour,
Sans que jamais le cœur, infidèle vestale,
Puisse garder au moins le feu sacré d'amour?

Faudra-t-il oublier, oublier sans relâche,
Quel qu'ait été l'espoir, quel qu'ait été l'aveu?
Non! ce serait trop vil! Non! ce serait trop lâche!
Et j'aime mieux mourir, mourir avant l'adieu!..

J'aime mieux succomber en plein vol, en plein rêve,
Comme un aigle frappé qui montait au soleil
Mais qui garde en tombant d'un seul coup sur la grève
Tout l'éblouissement du fantôme vermeil!

Je veux garder aussi la vision céleste
Vers laquelle mon rêve a volé brusquement,
Et quels que soient le temps et l'absence, il me reste
Assez de force au cœur pour mourir en l'aimant.

Vous toutes, vous aussi que j'ai jadis aimées,
Je vous vois accourir pâles, cachant vos pleurs,
Pour montrer le tombeau de vos âmes fermées
Qu'a recouvert l'oubli comme un gazon en fleurs.

Vous me dites : « Pourquoi, pauvre cœur de poète,
Croire que cet amour durera plus longtemps?
Les amours sont pour vous des papillons de fête
Qui tremblent dans vos doigts fiévreux quelques instants.

Vous nous avez aussi chanté les mêmes choses
D'un cœur non moins sincère, et nous vous avons cru!
Hélas! pourquoi vouloir éterniser des roses?
Le vent de l'oubli passe et tout a disparu!.. »

Non! Non! ce n'est pas vrai! Je ne veux pas vous croire!
Si vous m'aimez encor, dites que vous mentiez!
Que l'amour peut durer et que l'homme peut boire
Toujours au même verre, et des siècles entiers!..

J'ai trop souvent planté sur le sable ma tente;
J'ai brisé plus d'un cœur que l'on m'avait donné,
C'est vrai! Mais ma tendresse est désormais constante :
Dites-moi qu'aujourd'hui vous m'avez pardonné.

Valses rêvées

Parfois j'entends jouer une valse allemande
De Weber, ou parfois des valses de Chopin,
Et je les aime tant que je les redemande.

Ces valses ne sont pas — tant leur rythme est divin —
Capables de scander la danse dans nos fêtes ;
A suivre leur mesure on s'essayerait en vain.

Mais les voluptueux rèveurs qui les ont faites
Auront songé sans doute à la danse des morts
Qui mènent leurs sabbats pendant les nuits muettes ;

Ou bien leur âme aura noté ces doux accords
Pour les nymphes qui vont dans l'herbe en fleur des plaines
Aux bras nus des sylvains confier leurs beaux corps ;

Ou plutôt ils ont fait ces valses toutes pleines
De baisers, de bruits d'aile et d'amoureux sanglots
Où des fleurs de musique unissent leurs haleines,

Pour qu'en les entendant le soir au bord des flots
Les vierges de seize ans qu'on n'a pas fiancées
Comprennent tout à coup que leur rêve est éclos,

Et que ce rythme doux fait valser leurs pensées !..

Les Régates

Une après-midi du mois de Septembre
Des joûtes ont lieu sur le grand canal :
Le ciel est d'azur et le soleil d'ambre ;
Cinq gigs vont partir au prochain signal.

Oh! comme il est gai ce jour des régates !
La foule élégante accourt se masser ;
Les barques sur l'eau sont si délicates
Que le moindre vent les fait avancer.

Les grands parasols que le flot reflète
Paraissent de loin des nénuphars blancs,
Et le canal semble avoir fait toilette
Avec son collier de roseaux tremblants.

Les rameurs, assis au bord des banquettes,
Attendent, muets, l'instant solennel ;
Ils ont des maillots aux couleurs coquettes,
Des maillots rayés comme un arc-en-ciel.

Les rames, dans l'eau taillée à facettes,
Font des plis charmants où luit le soleil ;
Ainsi le sourire ouvre des fossettes
Sur la joue en fleur d'un enfant vermeil.

Soudain le moment de la course arrive :
Les gigs sont partis comme un vol d'oiseaux ;
La foule se penche au bord de la rive ;
On les voit venir en coupant les eaux.

On leur bat des mains, on appelle, on crie...
Traînard est premier !.. non, c'est *Vol-au-vent !..*
Ils passent alors comme une féerie,
Troublant la blancheur du canal mouvant.

L'équipe de *V'lan* rame avec courage
Mais bientôt *Nana* par un tour savant
Gagne deux longueurs au dernier virage
Et se place en tête avec *Vol-au-vent*.

A chaque secousse on entend l'eau pure
Frissonner sous eux en faisant des ronds;
Elle se suspend comme une guipure
Sur les bords vernis de leurs avirons.

Mais voici le but : *Vol-au-vent* y touche!..
Hourra! *Vol-au-vent!* Hourra! les rameurs!
Un cri triomphal sort de chaque bouche,
Et l'air retentit d'immenses clameurs.

Allons! canotiers! vivent les ivresses!
On n'a pas souvent des triomphes tels.
Vous irez ce soir avec vos maîtresses
Vainqueurs et vaincus, — remplir les hôtels.

Soyez folichons! battez la campagne!
Car les hommes forts ne sont pas songeurs,
Et vous aimez mieux sabler du Champagne
Que voir le couchant aux sombres rougeurs.

Aussi tous ensemble et sans plus attendre
Vous naviguerez gaîment jusqu'au jour
Sur le fleuve Joie au Pays du Tendre
Où vous choisirez pour barreur l'Amour !

L'église endimanchée

C'est aujourd'hui dimanche et tous les étrangers
En costumes de fête, en costumes légers,
Vont entendre la messe à la vieille chapelle.
Les enfants des pêcheurs entrent en ribambelle
Et vont s'agenouiller près du chœur, sur des bancs;
Et leurs mères, debout, en bonnets à rubans,
Droites sous leur jupon et sous leur châle en pointes
Les forcent à tenir leurs petites mains jointes.

Les riches sont près d'eux, entassés n'importe où ;
Et l'église bientôt se remplit du froufrou
Que font en balayant le pavé les toilettes.
Sur les profils hâlés la blancheur des voilettes
Flotte comme une extase où sont noyés les yeux.
Tout ce monde à genoux est bon, croyant, joyeux !..

Voyez ! vous les railleurs ! voyez ! vous les athées !

Les dames, dans leurs mains coquettement gantées,
Fidèles malgré tout aux usages anciens,
Tiennent dévotement de petits Paroissiens ;
Et les marins, ces forts que Dieu seul encourage
Quand ils sont sur la mer et que mugit l'orage,
Egrènent un rosaire entre leurs doigts calleux.

Le soleil resplendit et dans les vitraux bleus
Met des tons d'or sur les cheveux des blondes vierges.

La messe se poursuit dans l'encens et les cierges
Et la cloche agitée au sommet de la tour
Livre son âme errante aux échos d'alentour.

Comme le temple est plein, la porte est large ouverte
Et là, parmi les morts couchés dans l'herbe verte,
Et dont les croix de bois semblent des bras levés,
Rêvent d'autres vivants séduits et captivés
Par la sainte douceur des pompes catholiques.

Soudain l'orgue se tait : les voix mélancoliques
Des enfants du lutrin ont suspendu leur vol;
Et tous sont maintenant à genoux sur le sol
Les yeux mouillés, le cœur ouvert et l'âme en joie,
A regarder au loin sur l'autel qui flamboye
Le prêtre, couronné de ses longs cheveux blancs,
Qui soulève l'hostie entre ses doigts tremblants!..

Vieille Religion! on vous raille; qu'importe!
On va criant de vous : Elle meurt! elle est morte!
Mais moi je le sais bien qu'on vous vénère encor,
Que c'est dans votre antique et merveilleux décor
Que se comprend le mieux la comédie humaine;
Je sais que malgré tout c'est à vous qu'on amène
Les berceaux des enfants et les cercueils des morts;
Je sais qu'en vous quittant on trouve le remords;

Qu'on revient tôt ou tard à sa croyance ancienne
Comme à ses chants d'enfance une musicienne
Qui répète les airs qu'on lui chantait jadis ;
Et, sans m'inquiéter des futurs paradis,
Je sais qu'au plus beau jour que l'homme ait dans sa vie,
Quand sa blanche épousée ingénue et ravie
Lui donne tout son cœur de vierge devant Dieu,
C'est grâce à vous surtout qu'elle tiendra son vœu ;
Et puisqu'aujourd'hui même où ce temple est en fête
Le même élan d'espoir et de foi satisfaite
Fait monter tous ces cœurs avec des flots d'encens,
Vieille Religion ! vous qui charmez les sens,
Dût le ciel être vide et la vie éphémère,
Dussent-ils caresser une folle chimère
Ceux qui croient que par vous ils seront réunis,
Vous les rendez heureux, et moi je vous bénis !..

Phosphorescence

Ce soir le ciel obscur et la mer se confondent ;
    Tout le jour il a fait très chaud ;
Les flots entrechoqués dans l'ombre se répondent,
    Captifs dans un même cachot.

Le ciel est large et noir comme un drap mortuaire,
    Et les horizons incertains
Forment comme un immense et sombre sanctuaire
    Où tous les cierges sont éteints.

Mais voici que la mer devient phosphorescente,
    Et le long du sable changeant
Elle s'étale au loin superbe, éblouissante
    Avec ses paillettes d'argent.

Pas d'astres dans le ciel; dans le vent pas de voiles;
    On dirait que le flot amer
Roule ainsi sans pitié des cadavres d'étoiles
    Qui seraient tombés dans la mer!

Impressions de bal

Chaque soir pour le bal elle est en robe blanche,
Son corsage s'entr'ouvre avec un air coquet ;
Dans ses cheveux noués par derrière une branche
De lilas se détache et forme un blanc bouquet.

Elle a de longs gants noirs, très longs, comme une anglaise ;
Elle rit et dès lors chacun la reconnaît,
Car elle rit toujours, elle est toujours à l'aise
Et gaîment elle inscrit des noms sur son carnet.

Elle aplatit sa robe et ses jupes mutines
Sur le sopha de cuir où sa mère s'assied ;
Elle s'assied près d'elle et ses minces bottines
Montrent la petitesse exquise de son pied.

Puis voilà que le bal commence ; la musique
Se fait douce en berçant les couples haletants ;
Elle danse ; elle éprouve une ivresse physique
A valser dans le bruit des violons chantants.

La flûte à ces accords mêle ses joyeux trilles,
Et son riche éventail tenu par un ruban,
— Tandis qu'elle s'évente en dansant les quadrilles —
Frémit comme la queue entr'ouverte d'un paon.

Et toutes, dans l'éclat de leurs robes rosées,
Passent, pleines de fougue ou pleines de langueur,
Et telles qu'un bouquet lumineux de fusées
Rayonnent dans la nuit profonde de mon cœur.

Les Cocottes

C'est le soir. Le couchant suspend des rideaux d'or
Sur le lit où la mer languissamment s'endort
En déroulant ses flots comme une chevelure.

Les cocottes s'en vont sur la digue, et chacun
Frappé par leur toilette où flotte un doux parfum
Se retourne pour voir leur provoquante allure.

Leur robe — rose ou bleu — qu'on achète très cher
Accuse le dessin de leur corps bien en chair
Pour montrer que la toile est digne de son cadre.

Autour d'elles on sent flotter des souffles mous
Et la foule s'entr'ouvre avec de longs remous
Pour les laisser passer comme passe une escadre.

On dirait des canots fleuris et pavoisés,
Et sur leurs souliers bas leurs jupons empesés
Claquent au vent, pareils à des voiles qu'on cargue.

Leur visage a les tons des pastels délicats,
Et sous le dais mignon et clair de leur en-cas
Elles toisent sans peur le monde qui les nargue.

Mais près de ce plaisir raffiné qu'il y a
A voir sur leur corsage un blanc camélia
Arrondir ses contours comme un vivant camée,

Il est une autre joie, un bonheur plus réel
C'est de sentir son cœur fondre comme du miel
Sous les yeux d'une femme aimante et bien-aimée !.

Car ces cocottes-là sont comme des romans
Richement reliés, mais souvent assommants
Qu'on se prête et qu'on lit dans l'ennui des voyages!

Aussi vaut-il mieux prendre au temps du renouveau
Une vierge qui soit comme un livre nouveau
Dont on est le premier à découper les pages!..

Au Restaurant

Sur la terrasse en fleur d'un riche restaurant,
— A cette heure sereine où le soleil mourant
Descend à l'horizon comme un ballon en flamme —
Un homme jeune encore avec sa jeune femme,
De nouveaux mariés, portant comme on le doit
Une alliance d'or toute neuve à leur doigt,
Soupaient.

Ils ne mangeaient que des huîtres d'Ostende,
Ces huîtres dont la chair citronnée est friande,
Et qui, pleines de jus, vous fondent sous la dent
Comme des fruits mûris par un soleil ardent.

Ils en mangeaient beaucoup, chacun plusieurs douzaines,
Et pour assaisonner ces bonnes huîtres saines
Ils buvaient un très vieux Chablis du meilleur crû,
Un Chablis couleur d'or que le garçon bourru
Avec des verres verts leur apportait à table.

Pour eux c'était sans doute un moment délectable
Car, sans voir la mer calme et l'horizon changeant,
Joyeux, ils se faisaient des clins-d'œil en mangeant.

La Mer bienfaisante

Il faut tirer l'enfant de notre milieu
funeste ; l'ôter à l'homme , le donner à la
Nature , lui faire aspirer la vie dans les
souffles de la mer. L'enfant malade y
guérirait.

MICHELET.

Une femme élégante au profil de camée,
Venait chaque matin sur la plage animée
Avec son jeune enfant, un garçon de dix ans,
Rachitique, malade, aux yeux clairs et luisants
Comme en ont les enfants qui mourront poitrinaires.
On les voyait venir aux heures ordinaires
Elle toujours pensive et lui toujours souffrant
Et c'était un tableau douloureux et navrant.

L'enfant, faible et perclus, marchait sur des béquilles,
Et les petits garçons et les petites filles
En les voyant cessaient leurs jeux pour un moment,
Et tous deux s'asseyaient mélancoliquement
Devant les flots nacrés qui mourraient sur la grève !..

O douleur ! rester là tout entier à son rêve
Sans bouger, sans courir par ces matins d'été
Où les autres enfants libres, pleins de gaîté,
En toilette légère et du soleil dans l'âme,
Font flotter derrière eux comme une blonde flamme
Leur faisceau de cheveux dénoués par le vent ;
Tandis que tous jouent là sur le sable mouvant
Une pelle à la main, de l'eau jusqu'aux chevilles,
O douleur ! rester là, pâle, sur deux béquilles !..

L'enfant allait au bain lorsque sonnait midi :
Même par un temps calme il était peu hardi
Et quand le vieux baigneur sous les yeux de sa mère
Lui faisait lentement subir la vague amère,
Il tremblait, pris soudain d'un effroi puéril,
Comme un oiseau battu par les grêles d'avril.

Mais il se résignait pourtant à leur caprice
Puisque la mer était la puissante nourrice
Dont le bon lait salé pouvait seul, disait-on,
Rendre un peu de vigueur à ce pauvre avorton.

Oui, mer! roule-le bien dans tes flots salutaires,
Réchauffe et rajeunis le sang dans les artères
De cet enfant qui garde en ses membres perclus
La pauvreté de sang de ceux qui ne sont plus.
O vaste mer! c'est toi la source de Jouvence
Où doit dans l'avenir se retremper l'enfance,
Car le sel de tes flots est un remède sûr
Pour tous ces délicats aux grands yeux pleins d'azur
Qui regardent le ciel, trop faibles pour la vie!...
O mer, répare ou brise au gré de ton envie
Puisqu'il est saint le but qui fait agir tes flots;
Et, si tu parais dure aux pauvres matelots
Qui, loin de leur famille et loin de leur rivage,
Meurent sur tes écueils pendant les nuits d'orage,
C'est qu'ils vont te servir leurs cadavres hideux,
Pour ces petits enfants chétifs et souffreteux,
Et que, toute à ton plan plus profond que les nôtres,
Tu prends la vie aux uns pour mieux la rendre aux autres!.

L'Amazone

Une amazone au loin galoppe, tout en noir,
Sur le bord de la mer verte, aux reflets d'ardoise;
Elle s'estompe en noir comme une ombre chinoise
Sur le rideau très clair que fait le ciel du soir.

Un brouillard léger sort, comme d'un encensoir,
Des naseaux du cheval rétif qui s'apprivoise,
Et la robe, cachant ses jambes qu'elle croise,
Tombe en plis onduleux comme un ample peignoir.

Toute à la volupté que donne la vitesse,
Joyeuse, elle s'enfuit sans subir la tristesse
De la mer qui recule et du soir approchant;

Et ce groupe tout noir — comme en bronze — qui bouge
Et frissonne au milieu des splendeurs du couchant,
Semble un crêpe de deuil au drapeau du ciel rouge!

Dans les Dunes

Pour un peu nous soustraire aux chaleurs importunes
Qu'il fait dans les villas par ces beaux jours d'été,
Nous avons pris un livre et nous avons été
Passer l'après-midi sur le sommet des dunes.

Dans un pli de terrain aux aspects imprévus
Ayant la mer devant et derrière la plaine,
Nous nous sommes couchés, rêvant, parlant à peine
Et dans ce coin ombreux voyant sans être vus.

Des insectes grimpaient sur nos jambes ; le sable
Se creusait sous le poids de nos corps étendus,
Et les chardons de mer épineux et tordus
Dégageaient dans la brise un rythme insaisissable...

Ma bien-aimée était près de moi, sans chapeau,
Des brins d'herbe aux cheveux, en simple robe noire
Elle nous récitait quelques vers de mémoire
Très rose, et son sang vif affluait sous la peau.

Puis elle prit soudain sur la dune fleurie
Le volume de vers que j'avais apporté ;
C'était Brizeux, le triste amant désenchanté,
C'était son doux poème idyllique : Marie.

Elle en lut une pièce à voix haute et d'un ton
Si tremblant qu'on eût dit un chant de cornemuse,
Et tous nous écoutions vibrer dans cette Muse
Les amours éternels du vieux pays breton.

Ensuite elle nous lut la poésie exquise
Où les amants, assis ensemble au pont Kerlo,
« Laissent pendre en riant leurs pieds au fil de l'eau, »
Et soufflent dans l'air pur la mouche qu'ils ont prise.

Puis se tournant vers moi : « Dites-nous maintenant
Quelques-uns de vos vers ; j'en sais par cœur, » fit-elle :
Mais comme elle est un peu moqueuse ou paraît telle,
J'ai cru qu'elle disait la chose en badinant.

Elle insista pourtant, la chère enfant que j'aime ;
Alors je leur ai dit quelques vers, les plus doux,
Dont le simple récit les a fait pleurer tous,
Et les voyant pleurer j'étais ému moi-même !..

Quand j'eus fini, songeant aux poètes fameux,
J'ai senti dans mon cœur leur souvenir éclore :
Dante aimant Béatrix et Pétrarque aimant Laure,
Et soudain j'ai souffert de n'être pas comme eux.

Je vous ai jalousés, poètes des vieux âges,
Qui faisiez, pour mieux plaire à vos belles, les soirs,
Des sonnets odorants comme des encensoirs
Et les leur récitiez dans de frais paysages.

O toi que j'aime tant ! Que ne puis-je à mon tour
Te chanter d'un cœur ferme et d'une voix ardente
Comme a chanté Pétrarque et comme a chanté Dante,
Puisque, sans leur génie, au moins j'ai leur amour !...

Promenade en Mer

Un jour que nous étions au bout des estacades
A regarder les flots se briser par saccades,
Une chaloupe, avec des étrangers à bord,
Apparut tout à coup, prête à sortir du port.
Ils étaient pleins d'entrain : jeunes gens, jeunes filles
Qui, s'abritant un peu du vent dans leurs mantilles,
S'amusaient à laisser pendre leurs mains dans l'eau.

Le ciel très bleu formait un fond clair au tableau
Que n'aurait pas rendu le plus grand mariniste.

Les dames agitaient leurs mouchoirs de batiste
Et pour nous saluer se levaient sur leurs bancs.
Comme des violons, les cordes des haubans
Frémissaient et chantaient sous l'archet de la brise.
Le guidon ondoyait; le foc de toile grise
Montait et s'abaissait comme un sein oppressé.
Deux marins, dans la barque, en tricot bleu foncé,
Tenaient le gouvernail et faisaient les manœuvres.
Les cordages glissaient ainsi que des couleuvres
Dans leurs gros doigts durcis comme des doigts d'airain;
Et tous les passagers reprenaient le refrain
D'un ancien air flamand qu'on chante sur la côte.
Sous des parasols blancs, entassés côte à côte,
Ils riaient aux éclats, feignant d'avoir grand peur
D'un steamer qui virait, panaché de vapeur;
Puis en signe d'adieu nous lançaient au passage
Quelques fleurs des bouquets parant chaque corsage
Tandis que les marins manœuvraient à l'avant!..

Mais bientôt le bâteau poussé par un bon vent
Loin de nous, dans l'azur, s'envola sur les vagues,
Et l'on n'entrevit plus que les gonflements vagues
Des voiles qui fuyaient dans l'horizon des eaux
Et qui tremblaient au loin comme de grands oiseaux!..

Pendant une heure encor, nous autres nous restâmes
A regarder d'en haut s'exaspérer les lames
Contre les pilotis qu'escaladait la mer.
Moi j'éprouvais alors comme un plaisir amer
A déchiffrer, rêveur, sur ces rampes salies
Les noms, les bouts de vers, les serments, les folies,
Les dates, les croquis, les chiffres enlacés
Qu'ont gravés sur ce bois tant d'amoureux passés
Comme sur les troncs d'arbre au retour des kermesses !

Plût à Dieu que l'amour, moins traître à ses promesses,
Eût dans leur cœur aussi pénétré plus avant.

Pourtant le soir tombait et dans le ciel mouvant
Sur les nuages clairs que la brise balaye,
Rouge, le grand soleil saignait comme une plaie.

Tout à coup j'aperçus le bateau qui rentrait
Toutes voiles dehors, rapide comme un trait,
Incliné sur les flots qui le frangeaient d'écume !..
Et dans l'horizon vague où la nuit et la brume
Eteignaient le soleil sous leur double éteignoir
Cette barque semblait un catafalque noir

Qu'entouraient, — en perçant les premières ténèbres, —
Quelques astres pareils à des cierges funèbres !..

Plus de chants, plus de fleurs, d'aveux et de baisers !
Ils étaient là, tremblants, malades et brisés ;
Dans les voiles le vent gémissait comme un râle ;
On eût dit des noyés, tant chacun était pâle,
Et les derniers rayons du soleil s'affaissant
Mettaient sur leur pâleur comme un filet de sang !..

Les voyant abattus et la mine défaite
Eux qui tantôt semblaient partir pour une fête,
Je songeais : C'est ainsi du voyage d'amour.
Au matin de sa vie on s'embarque un beau jour
Les mains pleines de fleurs, et le cœur plein de rêves ;
Mais à peine s'est-on élancé loin des grèves
Où l'on goûtait en paix un calme indifférent
Que le charme vous quitte et la douleur vous prend,
Car sur ces flots menteurs qui cachent plus d'un gouffre
On chante quand on part —quand on revient on souffre !..

Croquis de la Digue

Il fait très gai le soir sur la digue ; la mer
Gronde autour des brisants où la vague déferle ;
Le ciel prend une teinte un peu rose et gris-perle ;
Le calme vient au cœur même le plus amer.

Elle et moi nous causons gaîment ; son rire clair
Vibre soudain, pareil au sifflement d'un merle ;
Dans chacun de ses yeux brille comme une perle
Quand, pour voir le couchant, elle regarde en l'air.

De légers cerfs-volants tenus par des ficelles
Au dessus des flots noirs tout brodés d'étincelles
Semblent des pavillons sur d'invisibles mâts.

Et cela rend songeurs les vieux marins dans l'ombre
Qui, rêvant d'un départ pour de lointains climats,
Comme des exilés, regardent la mer sombre!

Retour aux Champs

En proie au rêve ardent qui partout m'accompagne
Je me lasse parfois de ce luxe mondain,
Je me lasse du monde élégant, et soudain
Je m'en vais lentement tout seul vers la campagne.

Après le monotone horizon de la mer
C'est une volupté de revoir la verdure,
Et dans la grande paix qu'exhale la Nature
De courir tout un soir en pleins champs, en plein air.

La grand' route s'en va vers le prochain village,
Claire sous le soleil comme un acier poli;
Le vent semble apporter le murmure affaibli
D'un chariot lointain au pesant attelage.

Là-bas un vieux clocher avec son coq doré
Domine les maisons dans un fouillis de branches;
On croirait, au milieu d'enfants en robes blanches,
Voir surgir un vieillard superbe et vénéré.

L'air est plein de tiédeur; pas un arbre ne bouge;
On fauche les blés mûrs dans les champs d'alentour,
Et sous la faux qui monte et descend tour à tour
Les coquelicots font des taches de sang rouge.

Au lieu du bruit plaintif des flots sur les brisants,
J'écoute les moineaux pépier dans les arbres,
Et les bœufs, bigarrés comme le sont des marbres,
Qui beuglent sous le fouet des petits paysans.

Tout m'étonne et me plait : le troupeau blanc qui broute,
Les saules s'étirant dans l'eau, la tête en bas,
Et la vieille à son seuil qui — tricotant des bas —
Me croit fou quand je passe en chantant sur la route!..

O mon pays de Flandre aux beaux soleils couchants,
Je l'aime avec l'amour qu'un fils porte à sa mère ;
Si le monde est mauvais, si la vie est amère,
Je trouve au moins l'oubli dans le calme des champs.

Je l'aime et quand je vois un ruban de fumée
Sur un toit que le lierre agile a festonné
J'ai le regret farouche et tardif d'être né
Dans un logis banal d'une ville enfumée.

Oh ! que n'ai-je vécu, libre et robuste enfant,
Dans une ferme, auprès des moutons et des vaches,
Avec des fruits volés me barbouillant de taches
Et grandissant heureux sans devenir savant.

Puis à vingt ans, pendant un soir de la kermesse,
J'aurais choisi ma femme à mon goût — sans souffrir,
Convaincu que le sol pourrait tous nous nourrir
Et que mon père aurait de quoi payer la messe.

Je n'aurais pas traîné sur les pavés impurs
Ma grande soif d'aimer et ma soif de connaître ;
Je n'aurais pas pleuré, souffert, douté peut-être...
J'aurais vécu tranquille entre mes quatre murs.

J'aurais été prier le dimanche à l'église
Avec ma jeune femme et mes jeunes enfants,
Et sur mon seuil, l'été, dans les soirs étouffants,
J'aurais béni le chaud soleil qui fertilise.

Comme un simple fermier au corps souple et nerveux
J'aurais fait chaque jour ma tâche coutumière,
Et, vieux, je serais mort calme dans ma chaumière
Ayant le cœur tout blanc ainsi que mes cheveux!

Mais tandis que je rêve et tandis que je pleure,
La nuit tombe, et je rentre à pas lents vers la mer,
En longeant les buissons qui semblent se pâmer
Aux caresses du vent fougueux qui les effleure.

Je regagne la digue et je m'en vais m'asseoir
Au milieu d'un charmant groupe de jeunes filles,
Car c'est un coin connu de tous, où les familles
Viennent pour écouter le concert chaque soir.

Faiblesse! inconséquence! et c'est ainsi sans cesse!
Je ne veux pas changer, je change tous les jours;
Je me lasse du monde, et j'y reviens toujours
Car j'ai besoin de bruit pour tuer ma tristesse!..

C'est ainsi qu'un buveur s'amende et lutte en vain ;
Dans son cœur affaibli l'habitude est maîtresse,
C'est pour avoir l'oubli qu'il veut avoir l'ivresse :
Moi je retourne au monde et lui retourne au vin !

Lied

Aussitôt que je dors je rêve
Et je réve toujours d'amour;
En rêvant la nuit est si brève
Qu'elle est plus brève que le jour.

Sitôt que je rêve c'est d'elle
Et nous parlons toujours d'amour;
Je lui jure un culte fidèle
Qui s'accroîtra de jour en jour.

Aussi pour la revoir sans trève
Et pour attiser notre amour,
Puisqu'en dormant toujours j'en rêve,
Je voudrais dormir tout le jour.

Une Baigneuse flamande

I

Tous les jeunes faquins, les jeunes élégants,
Qui, changeant chaque jour de costume et de gants,
Viennent aux bains de mer pour suivre des lorettes,
Eux dont l'amour s'allume avec leurs cigarettes
Et comme elles s'éteint, sitôt le moindre vent,
Tous connaissent de vue et vont lorgner souvent
Une jeune baigneuse, une forte flamande
Qui fait prime à la plage et que chacun demande.

Elle est tout à l'ouvrage et ne voit même pas
Ces viveurs qu'elle attire embarrasser ses pas;
Elle travaille et court sans souci, sans idées,
Nettoyer promptement les cabines vidées
Où de nouveaux baigneurs, montés d'un air joyeux,
Lui donnent leur ticket en faisant de doux yeux;
Elle conduit au bain quand monte la marée
Bien des petits enfants craintifs à leur entrée
Mais qui rassurés vite entre ses bras de fer
Sautent sous la caresse humide de la mer!
On dirait qu'un pouvoir magique règne en elle,
Car n'ayant qu'un grossier costume de flanelle,
Etant sale et vulgaire, ayant bras et pieds nus,
Elle donne pourtant des frissons inconnus
A tous ceux qui la voient s'agiter sur la plage!..
C'est qu'elle a la beauté de la forme et de l'âge,
C'est que vibre, à travers son jupon enroulé,
Le poème charmant de son corps ciselé
Que tous, comme saisis de fièvre et de délire,
Voudraient dans le détail épeler et relire!..

O Rubens, c'est ta femme!.. et le vieux sang flamand
Comme une liqueur pourpre y coule abondamment;

Ses cheveux roux, tordus comme de lourds feuillages,
Frissonnent; ses pieds nus avec les coquillages
De leurs ongles nacrés dont la surface luit,
Sont bruns comme le sable et lisses comme lui!..

Le vent et le soleil de l'été qui dardaille
Ont bronzé lentement ce profil de médaille
Et chauffé cette chair comme un fruit savoureux
Pour la robuste soif d'un robuste amoureux.

Aussi quand tous ces fats aux ardeurs de phtisique
Viennent lui seriner comme un air de musique
Le même compliment mignard ou libertin
Sur l'ampleur de sa gorge ou l'éclat de son teint,
Quand des vieux, savourant la douceur d'être dupe,
La tirent dans un coin par les plis de sa jupe
Offrant pour un baiser de somptueux cadeaux,
Elle leur rit au nez ou leur tourne le dos,
Si bien qu'en la voyant gagner sa maisonnette
Tous disent, maugréant : « C'est une fille honnête!..»

II

Mais quand le soir tombait, quand les proches blancheurs
Des voiles indiquaient le retour des pêcheurs,
Ils auraient pu la voir s'en aller vers la dune
Et, sous les doux regards indulgents de la lune,
Ils l'auraient vue au bras d'un vigoureux marin.
Tous deux se profilaient comme un couple d'airain
Sur l'horizon de mer où fuyaient des mouettes
Et l'ombre agrandissait leurs vagues silhouettes.

C'était l'heure où l'on aime : où les vents apaisés
Semblent tout alourdis d'aveux et de baisers,
Où les mêmes élans de voluptés farouches
Font dans l'ombre s'unir les ailes et les bouches,
L'heure où la mer frémit, comme un amant charnel,
Quand la lune paraît au balcon noir du ciel!..

Alors ils restaient là, s'asseyant côte à côte
Sur la dune, des soirs entiers, dans l'herbe haute
Dont l'odeur capiteuse et les parfums puissants
Leur enflammaient la tête et leur grisaient les sens.
Brusquement, comme en proie à des accès de fièvres,
Ils auraient bien voulu dans l'ombre unir leurs lèvres,
Mais l'idylle était pure, et ce n'est qu'en partant
Qu'elle acceptait enfin de son beau prétendant
— En rougissant beaucoup de joie, un peu de honte —
Le long baiser d'amour qui lui servait d'à-compte!..

Car ils vont s'épouser! sitôt après les bans,
Elle mettra bien vite un bonnet à rubans
Avec un châle long sur sa robe de laine,
Et pour la voir ainsi l'église sera pleine.
Puis lorsqu'après la messe, après s'être embrassé,
On aura jusqu'au soir mangé, bu, ri, dansé,
Avec tous les joyeux pêcheurs du voisinage,
Elle s'installera dans son petit ménage;
Lui s'en retournera sur mer, le matelot;
Et tous deux s'aimeront, satisfaits de leur lot,
Et fiers de voir grandir dans leur foyer prospère
Des enfants beaux comme elle et forts comme le père!

Les jeunes Filles

Elles vont à l'amour toutes ces jeunes filles
Comme la flèche au but et l'hirondelle au nid,
Et c'est comme un sommeil ennuyeux qui finit
Quand leur cœur s'illumine au milieu des quadrilles.

Cédant à leur instinct, elles veulent aimer
Comme on aime l'espoir, le rêve, la jeunesse,
Sans que pourtant leur cœur simple et neuf reconnaisse
Le sentiment naissant qui va les transformer.

Elles ont vu jadis dans leur couvent maussade
Sur leurs rêves d'azur soudain se détacher
Un fol essaim d'Amours comme ceux de Boucher
Qui venaient leur parler d'amour en ambassade ;

Aussi lorsqu'aujourd'hui quelqu'un des moins blasés
Leur glisse des aveux en leur offrant des roses,
Elles songent de suite aux petits spectres roses
Qui leur avaient donné l'avant-gout des baisers !..

Elles aiment alors en lui leur ancien rêve,
Non l'amant, mais l'amour qu'elles rêvaient jadis ;
Non le dieu , mais le frais et divin paradis
Que leur jeunesse ardente a désiré sans trève !..

La vieille Guitariste

Devant les restaurants et devant les cafés
Elle vient chaque soir la vieille guitariste
Psalmodier un chant voluptueux ou triste
Que scande sa guitare en rythmes étouffés.

Un vieux châle déteint l'enveloppe; elle est maigre,
Sa robe est rapiécée et ses souliers crevés,
Et du matin au soir elle bat les pavés
Chantant et mendiant sous l'assaut du vent aigre.

Son visage a les tons de l'ivoire jauni,
Son chapeau retenu par des brides fanées
Etale tristement ses roses surannées,
Car la gloire est passée et le rêve est fini!..

Elle chante aujourd'hui pour manger et pour vivre,
C'est pour gagner son pain qu'elle court les chemins;
Et dire qu'autrefois on lui battait des mains
Et que rien qu'à la voir le public semblait ivre!..

Ivre de sa beauté quand elle apparaissait
En robe de satin sous les feux de la rampe,
Ses cheveux blond cendré frisant près de la tempe,
Et des camélias piqués dans son corset.

Ivre de sa façon discrètement obscène
De chanter tour à tour en variant sa voix
Des romances d'amour ou des couplets grivois,
— Déesse qui régnait sur l'autel de la scène!

Elle n'avait qu'à vivre, aimer, rire, chanter;
Elle était riche et belle, elle était jalousée!..
Et voici qu'elle est là maintenant la risée
Des gens de mer qui sont près d'elle à l'écouter!..

Elle chante en criant comme un chat qu'on écorche,
Puis quand elle a fini, le regard en dessous,
Elle tend sa coquille où tombent quelques sous,
Comme un mendiant blême accroupi sous un porche.

Pauvre débris humain! Spectre ratatiné!
A voir son corps étique et son visage glabre
On dirait qu'elle vient d'une danse macabre,
Poussive et lasse encor d'un sabbat effréné!..

Pourtant les étrangers assis autour des tables
Qui boivent en fumant par ces beaux soirs d'été,
La repoussent parfois avec brutalité
Tant leurs nerfs sont crispés par ses chants lamentables.

Alors elle regagne à pas lents la maison
Dont elle a sous-loué, pour l'été, la mansarde;
C'est dans un quartier sale où nul ne se hasarde,
Près du port, imprégné d'une odeur de poisson.

Elle songe : « jadis elle était adorée;
Comme un enfant gâté qu'on comble de joujoux,
Ses amants lui donnaient des robes, des bijoux,
Et jonchaient de bouquets la scène à son entrée!

A présent elle est vieille et va sans savoir où ;
Au bout du chemin morne où chacun l'abandonne,
Elle va s'affaisser sans doute dès l'automne
Puis on la jettera comme un chien dans un trou !..

Dans un trou jaune et gras de la terre marâtre,
Où les vers rongeront ce corps jadis si beau ;
Mais elle aura du moins la paix dans son tombeau
Et l'herbe lui rendra des fleurs comme au théâtre !..»

La vieille tout en pleurs se déshabille alors
Sans quinquet, à tâtons, dans cette chambre obscure,
Puis s'étend sur son lit, les mains sur la figure,
Comme pour échapper aux bruits gais du dehors.

Mais dès le lendemain, plus hâve et les yeux ternes,
Elle revient encor sur le seuil des maisons
Pincer de la guitare et crier ses chansons,
Puis s'éloigne en comptant son gain sous les lanternes.

Concert du Soir

Le soir quand le Kursaal aux arcades moresques
Rayonne avec ses becs de gaz clairs et tremblants,
Quand la digue s'emplit de châles pittoresques
Trouant l'obscurité de points roses et blancs,

Nous allons nous asseoir sur la terrasse ensemble;
Il est charmant le coin où nous nous installons,
Car de là la musique est si douce qu'il semble
Qu'un cœur humain frémit dans tous ces violons.

Mais on s'occupe peu du concert; on babille,
On bisse le morceau sans l'avoir écouté,
Et comme le champagne, ainsi l'esprit pétille
Sur les lèvres en fleur qu'empourpre la gaîté.

Sous les lustres flambants s'avivent les toilettes;
Les dames ont bon air dans leurs maillots serrés
Où s'attache un petit bouquet de violettes
Sur un nœud de dentelle aux bouts longs et carrés.

D'autres ont un corsage ouvert, et leur cou pâle
Brille comme un satin sous l'or de leurs colliers;
Quand l'air du soir fraîchit elles mettent un châle
Et s'abritent du vent derrière les piliers.

Toutes pour le soleil ont des chapeaux de paille
Très grands, garnis de tulle ainsi que des bouquets,
Où rubans, fleurs, oiseaux, tout s'agite et tressaille
Dans le balancement de leurs saluts coquets.

Les hommes en veston négligé sont près d'elles
Un monocle dans l'œil, un jonc dans leurs gants clairs,
Et sous les éventails, qui font comme un bruit d'ailes,
Passent des mots brûlants, plus prompts que des éclairs.

La mère fait semblant, jugeant qu'on marivaude,
De ne rien voir, lisant un roman de Feuillet;
Mais parfois elle jette à sa fille qui brode
Un regard de tendresse en tournant un feuillet.

Des blondins de cinq ans, les coudes sur la table,
Dorment, et leurs cheveux leur tombent sur les yeux;
Mais une jeune fille à l'âme charitable
Les prend sur ses genoux pour qu'ils y dorment mieux.

Moi j'écoute attentif la musique qui passe;
Un frisson par moments me court par tout le corps,
Et mon rêve s'envole au travers de l'espace
Où comme des oiseaux s'unissent les accords.

Les tentes au dehors grondent comme des voiles,
Et tandis que la lune émerge à l'occident
Et qu'au plafond du ciel rayonnent les étoiles;
J'évoque dans mon cœur celle que j'aime tant!

Et lorsque par hasard j'aperçois la Grande Ourse
Je rêve que, debout sur ce quadrige en feu,
Dans les champs de la nuit prenant de là ma course
Soudain je vais m'enfuir avec elle vers Dieu!..

Bal d'Enfants

Une heure. Pour la table d'hôte
On a sonné dans chaque hôtel.
Ici le sans façon est tel
Qu'on met les enfants côte à côte.

Mais aujourd'hui ces chers petits
Qui les autres jours en cachette
Piquaient dans les plats leur fourchette
Pleins de gaîtés, pleins d'appétits,

Ne mangent pas de tarte aux fraises,
Pas même au dessert de bonbons,
Poussant des cris, faisant des bonds,
Bruyants et fiévreux sur leurs chaises.

Ils ont leur robe aux plis bouffants,
Ils ont leur robe en mousseline,
Et font leur voix la plus câline
Car c'est tantôt le bal d'enfants.

Trois heures. Enfin on se lève;
Comme un dernier coup de pinceau
Qu'un peintre donne à son tableau,
Un dernier ruban les achève.

C'est bientôt le moment du bal,
Et comme il sied qu'on soit prodigue
On prend des bouquets sur la digue
Puis on entre dans le Kursaal.

Les musiciens sur l'estrade
Vont accorder leurs violons;
Tels les oiseaux dans les vallons
Quand ils commencent leur aubade.

Les plus jeunes se rassemblant,
Gênés dans leurs mises coquettes,
Se détachent sur les banquettes
De velours rouge — tout en blanc.

On leur a dit de prendre garde
A leurs costumes élégants;
Ils mordent le bout de leurs gants
Un peu troublés qu'on les regarde.

Les grands garçons, les bons danseurs,
S'essayent sur le parquet qui glisse;
Il est mal ciré, trop peu lisse
Au gré des petits connaisseurs.

En robes claires, les fillettes
Assises le long des sophas
Ont des sourires déjà fats
Quand on admire leurs toilettes.

Tout ce groupe frais et changeant
Va commencer bientôt ses rondes;
A leur voir tous des boucles blondes
On dirait de petits saint Jean.

Ils sont impatients d'attendre,
Et dans ces blonds cheveux bouclés
Comme des bleuets dans les blés,
Frissonnent des nœuds d'azur tendre.

Enfin le signal est donné:
On court, on s'appelle, on s'arrange;
Et c'est une mêlée étrange
Où chaque couple est entraîné.

Beaucoup ne font que des ébauches
De pas brusques, de pas pesants;
Ils sont d'autant plus séduisants
Qu'ils sont plus troublés et plus gauches.

Ils dansent très bien les polkas
Et tout en dansant ils s'embrassent;
Mais dans les valses s'embarrassent
Leurs pieds mignons et délicats.

C'est comme un paradis terrestre
Tout rempli d'anges trébuchant;
Et leur voix, plus douce qu'un chant,
Se mêle aux accords de l'orchestre.

Soudain vibre un cri de douleur!
C'est un petit couple qui tombe;
On dirait un cri de colombe
Prise aux filets d'un oiseleur.

Bientôt commencent des églogues
Dont Virgile serait jaloux,
Tant leur langage est simple et doux,
Tant sont charmants leurs dialogues.

L'un demande : « Dansons-nous, dis? »
Elle répond : « Je suis en nage. »
Un autre dit : « Quel est ton âge? »
— Douze ans, fait-elle. Elle en a dix.

Plus loin une coquette appelle
Un charmant petit cavalier :
« Tiens, regarde! un nouveau collier;
Ne me trouves-tu pas plus belle? »

«Veux-tu valser?» dit-il.— «C'est fait,
Dit-elle. Je t'inscris d'avance... »
Car ceux-là sont de connivence;
Ils vont prendre un verre au buffet.

Un autre lui lance un sourire,
Puis elle inscrit sur son carnet
Un nom qu'à peine on reconnaît
Car elle sait à peine écrire.

On crie, on se cherche partout,
On rit, on se perd, on s'appelle ;
Pour danser on veut la plus belle
Comme au jeu de cartes l'atout.

Et dans la salle ensoleillée
Ayant des drapeaux au plafond,
Toutes ces clameurs d'enfants font
Un bruit de volière éveillée.

Le bruit redouble et les chansons :
Marie, Eugène, Jeanne, Georges !
Et l'on dirait des rouges-gorges
Qui répliquent à des pinsons !..

Mais ce sont les petites filles
Qui font leurs plus coquets minois,
Ouvrant leurs éventails chinois
Pour les figures des quadrilles.

Aux bras des cavaliers muets
Elles ont des poses exquises ;
On dirait de jeunes marquises
Qui dansent d'anciens menuets.

Vous dites : « ce sont des poupées,
Il n'y a vraiment plus d'enfants ! »
Moi je les aime et les défends
Dans leurs mignonnes équipées.

Malgré les censeurs puritains
Gardons ces bals pleins de chimères
Pour les enfants — et pour leurs mères
Qui revivent leurs jours lointains.

Six heures. Encore une danse.
Six heures. Le galop final.
Et le chef d'un air machinal
Marque aux violons la cadence.

Enfin le bal est terminé !..
Il en est temps, car on se lasse ;
Chaque enfant revient à sa place ;
Oh ! quel joyeux après-dîné !...

Mais les robes sont défraîchies
Comme l'aile des papillons
Qu'on prend l'été dans les salons
Où les attirent les bougies.

Sept heures. On retourne enfin
Le long de la digue encombrée;
C'est l'heure douce où la marée
Frange d'argent le sable fin.

Huit heures. Chaque enfant se couche
Car il se sent très fatigué;
Il n'est plus vif, il n'est plus gai,
Et met son pouce dans la bouche.

Il danse encore, et se souvient
Du bal passé, de ses valseuses,
Et ses paupières paresseuses
Couvrent ses yeux... le sommeil vient...

Et dans sa chambre que décore
Un bouquet d'œillets odorants,
La bougie aux reflets mourants
Brille dans l'ombre — et danse encore!

Fantaisie céleste

I

Fatigué de ce monde élégant et frivole,
Je vais parfois tout seul devant la mer, le soir;
Ma rêverie alors comme un oiseau s'envole
Et par dessus les flots plane dans le ciel noir.

Les astres dans la nuit rayonnent par centaines;
Aux quatre coins du ciel ils sont éparpillés,
Dans l'ombre dégageant leurs clartés incertaines
Comme sur du velours des diamants taillés.

La Terre marche aussi dans la tiède atmosphère,
Comme un agneau de plus de ce troupeau divin
Que la lune attentive, ainsi qu'une bergère,
Par les champs de la nuit semble mener sans fin.

C'est une même loi qui lança dans le vide
Tous ces astres errants, voyageurs lumineux,
Et la Terre, creusant un sillage livide,
Roule fatalement dans son cercle comme eux.

Pourquoi donc supposer que seule elle est peuplée,
Elle la plus perdue au fond du firmament;
Pourquoi ne pas chercher dans la voûte étoilée
Ces frères que l'esprit y voit confusément.

Dans ces globes lointains des hommes innombrables
Sont sans doute tordus de doute et de remord,
N'ayant pour adoucir leurs maux irréparables
Comme nous que l'Amour en attendant la Mort.

Mais s'ils étaient peuplés tous ces millions d'astres,
Nous ne serions plus rien que des spectres vivants;
Nos triomphes, nos chants, nos plaintes, nos désastres,
Mourraient comme un appel d'oiseaux battus des vents!.

Nous ne serions plus rien qu'une ombre insaisissable,
Que ce « roseau pensant » dont Pascal a pitié,
Rien qu'un peu de poussière et rien qu'un peu de sable
Que Dieu soulèverait un instant sous son pied;

Infiniment petits dans l'immense rouage,
Nos efforts seraient nuls et nos cris superflus;
Les astres vainement poursuivraient leur voyage :
Dieu les verrait à peine, et ne nous verrait plus!..

II

Mais tandis que je songe ainsi, loin de la foule,
Au néant de la vie, au calme du tombeau,
Et que le désespoir autour de moi s'enroule
Comme un crêpe de deuil à l'entour d'un drapeau,

Je découvre soudain une étoile de flamme
Qui file dans le ciel par un rapide essor,
Et je me dis alors que c'est peut-être une âme
Qui va d'un astre à l'autre en creusant ce trait d'or!..

Je crois voir au travers de la mort transparente
Des horizons de vie et de bonheur sans fin ;
Je rêve que j'irai comme cette âme errante
Renaître infiniment dans chaque astre divin.

Oh ! le songe étoilé de la métempsycose
Qui dans l'ombre éclairait Pythagore et Platon ;
Oh ! le songe qui veut que tout se recompose
Et que les lis ne soient qu'un produit du chardon.

Ainsi je partirais avec le vent qui passe,
Et plus je serais bon, doux, indulgent, soumis,
Plus je m'en irais haut au travers de l'espace
Pour jouir de l'amour dans le repos promis.

Par une affinité délicate et suprème,
Je me retrouverais, dans ces nouveaux séjours
Avec tous ceux qui m'ont aimé, tous ceux que j'aime,
Ceux dont rêvaient mes nuits, ceux qui charmaient mes jours.

Tandis que languiraient dans les astres infimes
Ceux-là qui m'ont jeté l'ironie ou l'affront,
Impuissants à souiller du fond de ces abîmes
Sur les rayons de gloire auréolant mon front !

Plus je m'envolerais dans les sphères lointaines,
Plus le ciel serait bleu, plus le vent serait doux ;
Les roses n'auraient plus d'épines ; les fontaines
Plus de vase ; et le fond des grands bois plus de loups.

On y vivrait ainsi qu'au paradis terrestre
Ne mangeant que des fruits et dormant dans les fleurs ;
Les oiseaux chanteraient comme un céleste orchestre,
Et les enfants naîtraient sans tragiques douleurs.

Puis ayant traversé cette flotte d'étoiles
Qu'on voit pendant la nuit s'avancer lentement
Dans l'océan du ciel comme de blanches voiles,
J'atteindrais le dernier soleil du firmament,

Pour y trouver enfin dans la vie immortelle
La femme que j'aimais et qui m'aimait jadis,
Et, séparé de tous, vivre seul auprès d'elle :
Ce serait tout mon ciel et tout mon paradis !

Epilogue

Me voilà de retour! Oh! comme je m'ennuie
En songeant dans ma chambre à mes rêves finis ;
Le vent d'automne gronde au dehors, et la pluie
Coule comme des pleurs sur mes carreaux ternis.

La vigne qui formait un cadre à ma croisée
Voit jaunir et tomber ses feuilles dans la cour,
Et mon âme, comme elle engourdie et brisée,
Voit s'effeuiller aussi ses beaux songes d'amour.

Les toits rouges au loin sur une mer de brume
Détachent leurs îlots dans le brouillard frileux,
Et moi je me souviens, le cœur plein d'amertume,
Du temps où je voyais le ciel dans ses yeux bleus.

Je me rappelle tout : les belles jeunes filles
Qui dansaient au Kursaal dans leurs robes d'été,
Les barques qui formaient de joyeuses flottilles,
Et les coins de la dune où nous avons été ;

Les enfants qui faisaient des forts à coups de pelle,
Les ânes qui trottaient sur le sable mouvant,
La messe, le dimanche, à la vieille chapelle,
Et la mer se pâmant sous les baisers du vent !

Tout cela reparait dans mon esprit morose :
Ainsi le lendemain d'un soir de carnaval
On croit revoir passer tout un cortège rose
De masques s'enlaçant pour le galop final.

Sans doute qu'aujourd'hui la digue est morne et vide ;
Car le soleil n'a plus que de pâles reflets ;
Comme des écheveaux emmêlés qu'on dévide
Les pêcheurs sur leur barque étendent leurs filets !..

Adieu les vérandahs chaudement parfumées!..
Comme au jour d'un décès, on a clos les villas;
C'est pour l'Eté défunt que toutes sont fermées
Et porteront le deuil jusqu'aux prochains lilas.

Mais quand l'été nouveau luira, le gai village
Les verra revenir, les amants de la mer
Qui s'ébattront encor sur la digue et la plage :
C'est pour mieux refleurir que l'arbre dort l'hiver.

Seul notre amour est mort sans qu'il puisse renaître;
Le roman est perdu, sans qu'il soit achevé;
Pourtant j'avais donné le meilleur de mon être
Pour qu'il fût aussi beau que je l'avais rêvé.

Comme Hercule filant au rouet d'or d'Omphale,
J'aurais voulu l'aimer pour la vie, épanchant
Comme un baume à ses pieds ma chanson triomphale,
Loin du monde orgueilleux, loin du monde méchant!

Seul notre amour est mort! Est-ce donc bien possible
Que nos serments d'hier soient des serments passés,
Que le dard n'ait tremblé qu'un instant dans la cible,
Qu'au sable de nos cœurs nos noms soient effacés?.

Nous nous aimions pourtant avec force, avec fièvre,
Et nous nous l'étions dit en nous pressant la main
Quand, le soir des adieux, un baiser de sa lèvre
Avait mis sur mon front l'espoir du lendemain;

Si bien que, reprenant mon ancienne énergie,
J'oubliais tout, mon spleen et mon doute moqueur,
Heureux de monnayer à sa seule effigie
Les lingots de tendresse enfouis dans mon cœur.

Seul notre amour est mort! Tout mon courage tombe!
Pour se quitter si tôt, fallait-il tant s'aimer?
Je sens là dans mon cœur un vide... c'est sa tombe!..
Mais le ver de l'oubli n'y pourra l'entamer!

Quand les vierges d'Egypte étaient mortes phtisiques,
On conservait leurs corps imprégnés de parfum,
Et j'ai de même, aux sons de funèbres musiques,
Embaumé ta mémoire, ô mon amour défunt!

J'ai tissé chaque vers comme une bandelette
Pour te garder intact et pour t'éterniser;
Pauvre amour! Dors en paix dans ta blanche toilette;
Reçois mes derniers pleurs et mon dernier baiser!..

TABLE

Gand, impr. Eug. Vanderhaeghen.

9 782329 774978